MEJORA TU ENTORNO LABORAL

Las claves para que todos se sientan a gusto en el trabajo

Por Caroline Carlicchi

Traducido por Laura Soler Pinson

Coaching en50MINUTOS.es

en**50MINUTOS**.es

LAS CLAVES PARA EL ÉXITO

Triunfa con un CV eficaz

Aprende a resolver conflictos

Mejora tu concentración

Supera tu entrevista de trabajo

www.en50minutos.es

EL ENTORNO LABORAL, UN FACTOR DE EFICACIA

Arnaud trabaja en el departamento de proyectos de una fábrica. Su despacho está aislado, en una esquina de una nave vetusta. Su ordenador se queda colgado con frecuencia y como la luz es demasiado tenue para leer los planos, se ve obligado a ir y venir constantemente hasta el departamento técnico, más funcional. Adèle trabaja desde hace quince años en esta estructura, en un open space. Espera con impaciencia un ascenso que le permitirá acceder a un despacho en el que estará sola —un despacho que por fin estará adaptado a su actividad, que requiere mucha reflexión y concentración. Por su parte, Éric no se atreve a recibir a sus clientes en los locales polvorientos de su empresa.

- **¿Problemática?** Mejorar nuestro entorno de trabajo para una mayor eficacia.
- **¿Utilidad?** Aumentar nuestra productividad, nuestra eficacia y nuestro bienestar personal y profesional.
- **¿Contexto profesional?** Vida en la oficina, *open space*, relación entre colegas, estrés, eficacia y bienestar en el trabajo.
- **¿Preguntas frecuentes?**
  - ¿Cuáles son las consecuencias de un entorno de trabajo positivo?
  - ¿Cuáles son las claves del bienestar psicológico en la oficina?
  - ¿Cómo gozar de buena salud en la oficina?
  - ¿Cómo reducir el estrés actuando sobre el ambiente en la oficina?

- ¿Cómo utilizar el entorno profesional para reforzar la autoestima?
- ¿Qué entorno es necesario para favorecer la colaboración?
- ¿Cuál debe ser el equilibrio entre nuestra vida personal y profesional?
- ¿Cómo ser más eficaces actuando sobre el entorno de trabajo?
- ¿Cómo modificar el entorno para favorecer el cambio?

En muchas organizaciones, el entorno es ante todo una partida presupuestaria que debe reducirse. Sin embargo, algunas multinacionales han invertido en ambientes muy modernos con la clara intención de aumentar el bienestar de los empleados: en 1998, Renault inaugura el Tecnocentro, un edificio ultramoderno de 410 000 m² que favorece la colaboración entre los equipos. En 2007, Google, en el cuarto puesto de mejores empresas para trabajar, ofrece a sus 11 000 empleados de la sede de Mountain View, en California, el Googleplex, un entorno de trabajo extraordinario y quizás aún más relajante que las casas de los empleados: billar, jardines, bicicletas, sofás para echar la siesta con total discreción, un amplio abanico de actividades deportivas, restaurantes variados y, por supuesto, oficinas agradables y modernas. Para Renault y Google, estas sedes suponen respectivamente una inversión de casi cinco mil millones y medio de francos (en su momento) y varios cientos de millones de dólares. ¿Pero por qué tomar una decisión de este calibre?

Estas empresas, que cada vez cuentan con más empleados,

han entendido que cuando construyen un buen entorno de trabajo, muestran indirectamente a sus trabajadores que participan en el buen funcionamiento del grupo, y se incrementa la productividad global. Mediante la calidad de las infraestructuras, tanto el Tecnocentro como el Googleplex están anunciando a sus empleados: «Aquí os valoramos». De hecho, para la concepción de estos edificios, se llevaron a cabo entrevistas entre el personal laboral con el objetivo de responder mejor a sus necesidades. Por lo tanto, el entorno se adapta al máximo a las exigencias del puesto de trabajo y, sobre todo, garantiza el reconocimiento, ingrediente principal de la motivación.

En efecto, el reconocimiento es una necesidad psicológica fundamental para cada uno de nosotros. Cuando se alimenta esta necesidad de reconocimiento, nos sentimos tranquilos y más abiertos a pensar, a organizarnos y a actuar para alcanzar objetivos. Por el contrario, si no nos sentimos valorados, experimentamos estrés y podemos sentirnos amenazados o encontrarnos en un callejón sin salida, incapaces de pensar, de decidir, de colaborar y de progresar.

Si el entorno de trabajo de la organización no está adaptado, podemos tomar una gran cantidad de iniciativas a nivel individual. En este libro, descubrirás cómo implementar un entorno de trabajo más agradable, reduciendo tu estrés, favoreciendo tu colaboración con los demás y mejorando tu productividad.

EL ABECÉ DE UN ENTORNO DE TRABAJO EFICAZ

¿QUÉ ES EL ENTORNO DE TRABAJO?

El entorno de trabajo ejerce una gran influencia sobre cómo nos sentimos a diario en nuestro puesto de trabajo. Se compone de todo lo que contribuye a nuestra implicación y a nuestra motivación: la relación con nuestros colegas, con nuestros superiores jerárquicos y con los distintos equipos, la organización y su filosofía y, por supuesto, los edificios, las infraestructuras y los servicios que se ofrecen a los colaboradores.

El entorno de trabajo puede ser una fuente de estrés tan importante como el propio trabajo. Esta situación se presenta de distintas formas: colegas demasiado ruidosos, falta de luz, polvo abundante, temperaturas asfixiantes en verano y gélidas en invierno, baños sucios, oficina desordenada, jefe demasiado controlador, etc. Todo esto tiene un impacto en tu rendimiento y en tu eficacia en el trabajo. No obstante, un entorno de trabajo eficaz contribuye al bienestar de los empleados, que de esta manera quieren ir a trabajar y mantienen su motivación y su entusiasmo durante todo el día. También garantiza la salud y la eficacia de los colaboradores, y el rendimiento de la organización.

Por el contrario, una organización que descuida el entorno que ofrece a sus colaboradores se expone seriamente a fracasar ante los retos actuales. Además, un entorno de trabajo negativo tiene consecuencias en la carrera y en la salud de sus empleados. Así lo confirman muchos estudios: vivir en ese ambiente lleva en especial al insomnio, a la ansiedad y a la depresión.

Cuando analicemos nuestro entorno de trabajo, nos fijaremos en varios aspectos:

- los edificios, las infraestructuras y los servicios ofrecidos;
- la organización;
- nosotros mismos, con nuestras necesidades;
- los demás, con sus propias necesidades.

Por lo tanto, los componentes del entorno del trabajo son físicos, organizacionales, psicológicos y sociales.

¿SABÍAS QUE...?

Un entorno de trabajo eficaz permite:

- conservar la salud y reducir los riesgos de accidente;
- disminuir la rotación del personal;
- reducir el absentismo;
- reducir los gastos médicos;
- aumentar la confianza en la organización;
- reforzar la autoestima de los colaboradores;
- incrementar la productividad y la eficacia personales.

LO MÁS IMPORTANTE: LA SALUD MENTAL

> Jérôme siempre está cansado. Comprueba que solo dedica su tiempo de trabajo a gestionar sus expedientes y esos correos electrónicos que no dejan de inundar su buzón de entrada. Se da cuenta de que no logra tomar distancia para pensar con tranquilidad, de manera eficaz, sobre sus proyectos, y debe hacer mucho esfuerzo para mantenerse concentrado. Su cansancio empieza a afectar al nivel físico, y se siente menos receptivo a escuchar a sus interlocutores; además, se enfada con facilidad.

Aunque en una gran cantidad de estudios se señalan los impactos nefastos en el organismo de una mala alimentación o de un consumo de sustancias tóxicas como el omega 6, los azúcares, el alcohol y el tabaco, aún hoy en día se margina un elemento fundamental: nuestra salud mental. Con demasiada frecuencia, se descuida el buen funcionamiento de nuestro cerebro, a pesar de que se encuentra en la base de nuestro bienestar.

El neuropsiquiatra Daniel Siegel (nacido en 1957), de la Universidad de Medicina de UCLA (Los Ángeles), y David Rock, fundador del NeuroLeadership Institute, han señalado que muchos son los que abruman a su cerebro y emplean sus recursos cerebrales pensando que son infinitos:

- así, intentamos llevar a cabo varias cosas a la vez;
- fragmentamos nuestra atención;
- nos sobrecargamos de información.

Las actividades diarias que permiten que nuestro cerebro

funcione de manera óptima son siete: estas son necesarias para nuestra salud mental y permiten que cada día nuestro cerebro se coordine, integre información, favorezca la creación y refuerce las conexiones cerebrales. Así, un entorno de trabajo eficaz debe ofrecer edificios, servicios e infraestructuras que permitan que los colaboradores practiquen todas estas actividades para alcanzar un equilibrio de vida óptimo.

Estas actividades, que se organizan en diferentes tiempos, son las siguientes:

- **el tiempo de concentración.** Nos concentramos en tareas para alcanzar objetivos. Así, efectuamos conexiones profundas en el cerebro;
- **el tiempo de juego.** Nos permitimos ser espontáneos y creativos, favorecemos la creación de nuevas conexiones en el cerebro;
- **el tiempo de relación.** Conectamos con los demás, idealmente en persona, no a través de herramientas web, y así activamos y reforzamos los circuitos relacionales del cerebro;
- **el tiempo físico.** Nos movemos, reforzamos nuestro cerebro;
- **el tiempo de reflexión sobre nosotros mismos.** Pensamos con calma, nos concentramos en las sensaciones, las imágenes y los pensamientos, ayudamos a nuestro cerebro a integrar la información;
- **el tiempo de relajación.** No tenemos un objetivo en particular. Ayudamos a que nuestro cerebro recupere energía cuando nuestra mente divaga o, simplemente, cuando nos relajamos;

- **el tiempo de sueño.** Dormimos, consolidamos los conocimientos y nos recuperamos del día que hemos vivido. Aunque esta actividad no tiene lugar en las infraestructuras de la empresa, la organización debe garantizar que la carga de trabajo de sus trabajadores les permita dormir las horas suficientes.

PEQUEÑO PLUS

Debemos evitar que nuestras jornadas estén dedicadas únicamente a algunas de estas actividades. Es cierto que no existe una receta milagrosa, y todos necesitamos dosis distintas, pero una cosa está clara: para un buen equilibrio vital, debemos practicar todas las actividades en nuestro día a día laboral.

LAS NECESIDADES PSICOLÓGICAS FUNDAMENTALES

Hace unos meses, Irène empezó en un puesto nuevo, pero no se siente bien: está deprimida y ya no tiene ganas de nada. Así, decide asumir el reto de crear una estructura. Al trabajar sola en este proyecto, echa de menos los momentos en los que conversaba brevemente sobre cualquier tema, las pausas del café con sus colegas, por ejemplo.

Éric Berne (psiquiatra estadounidense, 1910-1970), fundador del «análisis transaccional», teoría de la personalidad y de la comunicación, identificó tres hambres que se corresponden con necesidades psicológicas universales y fundamentales.

Estas necesidades son tan importantes para nuestra supervivencia como el agua que bebemos: por lo tanto, de manera natural intentamos satisfacerlas. Se encuentran en el origen de nuestros comportamientos. Ya desde nuestros primeros días aparece la primera hambre: el hambre de estímulos. A medida que vamos creciendo, el hambre de estímulos provoca otra hambre, la de reconocimiento. Y, para acabar, aparece el hambre de estructura.

- **El hambre de estímulos** corresponde a la necesidad de sentirnos estimulados socialmente, en contacto con el resto del mundo con todos nuestros sentidos, de no experimentar ya el aburrimiento, el aislamiento o la depresión. Es el hambre de recibir explicaciones, de aprender, de comprender, de diversificar las tareas, etc.
- **El hambre de reconocimiento** corresponde a la necesidad de interactuar socialmente para sentirnos valorados por el otro y por algunos en particular, de recibir y aceptar tantas señales de reconocimiento como necesitemos para sentirnos bien, de darlas, de rechazar las señales de reconocimiento negativas de las que nos gustaría prescindir.
- **El hambre de estructura** corresponde a la necesidad de sentirse dentro de unos límites, de unos «contratos» (definición de los objetivos, de los planes de acción, de nuestro papel y de nuestras responsabilidades, de las expectativas, de los puntos de vista, de los límites, etc.) y de estructurar el tiempo de nuestras jornadas para obtener esas señales de reconocimiento que todo el mundo necesita.

Todas las características del entorno de trabajo eficaz alimentan estas hambres y aumentan indirectamente nuestra motivación. En el caso contrario, refuerzan la depresión, la ansiedad y la baja autoestima.

RELACIONES PROFESIONALES QUE ESTIMULAN LA CONFIANZA Y LA MOTIVACIÓN

Isabelle se define como una persona «extremadamente exigente» tanto con el trabajo de sus colaboradores como con el suyo. Su departamento produce un trabajo de gran calidad, pero muchos empleados comunican su deseo de rotación al cabo de unos meses. Isabelle se da cuenta de que no transmite a sus colegas la satisfacción que siente por el trabajo que realizan. Observa que no les da un *feedback* que les permitiría, por una parte, entender que su contribución corresponde a lo que la empresa espera de ellos y, por otra, mantenerse motivados.

En los intercambios con nuestros compañeros, intentamos satisfacer nuestra hambre de reconocimiento. Así, interactuamos con ellos para reunir «señales de reconocimiento», tan necesarias para la vida como el aire que respiramos. Corresponden a toda acción que implica el reconocimiento del otro, de su existencia. Las señales, tanto verbales como no verbales —unas cejas fruncidas, una mirada, una caricia— se intercambian constantemente, en cualquier contexto y pueden versar sobre:

- **quién soy**. Por ejemplo, «me gusta trabajar contigo» o «¡no quiero verte más! ¡sal del despacho!»;
- **las acciones que llevo a cabo**. Por ejemplo, «valoro positivamente el trabajo que has efectuado con este expediente» o «te ha salido mal esta intervención con este cliente».

Estas señales pueden ser:

- **positivas** (cumplidos, elogios, felicitaciones o evaluaciones positivas, que procuran placer);
- o **negativas** (juicio o crítica negativos que, por el contrario, nos hieren y nos menosprecian).

Las señales de reconocimiento

	Condicional (en relación con el hacer)	Incondicional (en relación con el ser)
POSITIVA	«Valoro positivamente el trabajo que has efectuado con este expediente».	«Me gusta trabajar contigo».
NEGATIVA	«Te ha salido mal esta intervención con este cliente».	«¡No quiero verte más! ¡Sal del despacho!».

Mejora tu entorno laboral © 50MINUTOS.es

El hecho de que una señal de reconocimiento tenga un carácter negativo no la convierte en algo «malo» en sí: un *feedback* negativo condicional (sobre el comportamiento) acerca del trabajo de un colaborador lo ayudará a comprender sus errores y a tomar las medidas necesarias para no cometer el mismo fallo en el futuro.

Se deben evitar: las señales de reconocimiento incondicionales negativas (sobre la persona), que no permiten el desarrollo de la autonomía de nuestros interlocutores y, por lo tanto, son callejones sin salida.

Para transmitir una señal de reconocimiento positiva potente:

- informa al colaborador de que vas a darle un *feedback* con respecto a su acción;
- especifica lo que ha hecho bien rápidamente después de la acción;
- anúnciale hasta qué punto su acción ha tenido un im-

pacto positivo en la organización, en ti o en sus colegas;
- marca una pausa con el objetivo de que tu colaborador tenga tiempo para recibir tu señal de reconocimiento positiva y para sentir todo el beneficio de su acción;
- anima al colaborador a que siga por el mismo camino.

Para transmitir una señal de reconocimiento negativa:

- informa al colaborador de que vas a darle un *feedback* con respecto a su acción;
- especifica qué ha hecho mal rápidamente después de la acción;
- anúnciale hasta qué punto su acción ha tenido un impacto negativo en la organización, en ti o en sus colegas;
- llévalo a cabo de la manera más directa posible y con seguridad;
- marca una pausa para que tu colaborador tenga tiempo para recibir tu señal de reconocimiento negativa y para que entienda el alcance de su acción;
- precisa al colaborador que estás de su parte y que, exceptuando esta situación particular, valoras su trabajo;
- pasa página.

Estos intercambios se ven sometidos a criterios y a reglas «económicas» basadas en una creencia de escasez: se nos ha educado pensando que el mundo no puede ofrecernos todas las señales de reconocimiento positivas que necesitamos. Así, esta creencia nos ha llevado a la elaboración de las siguientes reglas «económicas»:

- no pedir las señales de reconocimiento que deseamos;
- no dar las señales de reconocimiento que deseamos dar;

- no aceptar las señales de reconocimiento que deseamos;
- no rechazar las señales de reconocimiento que no queremos recibir (señales de reconocimiento negativas, de manipulación);
- no concedernos a nosotros mismos señales de reconocimiento (positivas).

Estas reglas de economía son personales. A algunas personas les costará aceptar un cumplido sobre su trabajo, otras se sentirán incómodas cuando tienen que dar un *feedback* a un colaborador, incluso si es positivo, etc. Por lo tanto, no damos a las señales de reconocimiento el mismo valor, que dependerá de la situación (del momento, de la persona que las da, etc.).

GUIÑO DEL EMPLEADOR

A veces, una persona no acepta el *feedback* positivo que su mánager le da en relación con la gestión de un expediente, y responderá de manera natural: «No es nada...» o «Es lo menos que puede hacerse...». Es importante que lo animemos a que reciba la señal de reconocimiento. Puede aceptarla expresando, por ejemplo, un simple «gracias».

También podemos sustituir todos estos criterios «económicos» por las siguientes concesiones que llevan al desarrollo de nuestra autonomía:

- pedir las señales de reconocimiento que deseamos

recibir;

- dar las señales de reconocimiento que deseamos dar;
- aceptar las señales de reconocimiento que deseamos recibir;
- rechazar las señales de reconocimiento que no queremos;
- concedernos a nosotros mismos señales de reconocimiento positivas.

Pero aunque es importante que sepamos concedernos señales de reconocimiento, esta no puede ser la única fuente: para nuestro bienestar necesitamos recibir señales de reconocimiento de terceros.

UNA ORGANIZACIÓN QUE ESTIMULA LA CONFIANZA Y EL BIENESTAR

Jean-Christophe da sus primeros pasos en una empresa. Al cabo de unos meses, hace un primer balance de su situación. Él, que en sus antiguos puestos acostumbraba a abrazar los proyectos de su empresa, no se siente motivado en este nuevo entorno. Observa muchas incoherencias entre los valores de los que hace alarde la empresa y el comportamiento de la dirección o sus objetivos de trabajo.

Una organización que estimula la confianza y el bienestar de sus colaboradores da, ante todo, un sentido a las acciones que se encomiendan a sus empleados. Todos necesitamos un sentido, saber adónde nos dirigimos y por qué avanzamos en esa dirección. Para que una estructura satisfaga esta necesidad, hace falta que presente de manera clara tres aspectos esenciales: su visión, su misión y sus valores profundos.

Su visión

La visión es la huella que la organización desea dejar en el mundo y en su historia. Es la clara imagen de un éxito futuro, ambicioso, que genere la aceptación de sus colaboradores. Responde a la pregunta «¿qué quieres crear en el mundo?», «¿a qué mundo quieres pertenecer?», y es la base de la misión que se fija la organización.

Su misión

La misión fundamental es la vocación primera de la organización, su razón de ser, su cláusula existencial. Define su impacto sobre su entorno: sus clientes, sus proveedores, sus competidores, el marco legislativo, etc. La misión responde a la pregunta «¿en qué medida contribuye nuestro trabajo a cambiar el mundo, a materializar nuestra visión?».

Sus valores profundos

Una organización tiene una historia, un fundador, una personalidad que la ha marcado, una visión, una misión y valores profundos vinculados a estos elementos. Los valores de la organización representan la base de su cultura, sus raíces, lo que cuenta en esencia. Por ejemplo, puede ser la ecorresponsabilidad, la innovación, la confianza, la integridad o la satisfacción del cliente.

Estos valores están en la base de la estrategia empresarial y, si son auténticos, le dan sentido a la acción de los colaboradores. Para la mayoría de la población activa, dar sentido a nuestra vida profesional es hoy en día un hecho innegociable. Los valores de la empresa, cuando son compartidos por los colaboradores, garantizan el compromiso, la productividad y la motivación.

Los valores de una empresa, que tienen un carácter duradero, ofrecen elementos de ayuda en la toma de decisiones cuando la estructura atraviesa momentos difíciles. Responden a la pregunta «¿qué es realmente importante para efectuar nuestra misión?».

Una organización que estimula la confianza y el bienestar ofrece a sus colaboradores una visión clara de su filosofía, de su misión y de sus valores. Esto responde a la necesidad de sentido, de seguridad con respecto al futuro y de estructura, y permite que se establezca una cultura y un entorno de trabajo positivo y eficaz.

Estos ingredientes, indispensables para la cultura de empresa, pueden transmitirse directamente durante seminarios e intervenciones de superiores jerárquicos, mediante carteles o vehiculados indirectamente a través de ciertos comportamientos de los jefes.

Una vez que se define la base y que todos los miembros de la organización la comparten, pueden establecerse objetivos coherentes, cargados de sentido, para cada actividad. Cuanto más tangibles sean estos elementos, más energía convergerá hacia la consecución de los objetivos, lo que ayudará a completar la misión de la organización. Si mantenemos conversaciones abiertas con los colaboradores, estaremos asegurándonos su implicación y la exposición de sus puntos de vista acerca de cómo alcanzar estos objetivos estratégicos.

Compartir la misión de la organización con todo el personal refuerza la unidad y la colaboración entre los empleados, sea cual sea su posición.

LOS MEJORES CONSEJOS PARA UN ENTORNO DE TRABAJO EFICAZ

<u>**RECUERDA**</u>

El entorno de trabajo eficaz garantiza esencialmente:

- la necesidad de estimulación, de reconocimiento y de estructura;
- la variedad de actividades necesarias para el buen funcionamiento del cerebro;
- la necesidad de confianza y de motivación;
- la necesidad de sentido.

Si eres un dirigente de una estructura o de una actividad dentro de la organización, dispones de los siguientes recursos que te permitirán crear un entorno de trabajo óptimo para tu equipo.

- **Para responder a la necesidad de estimulación:** variedad de proyectos; evolución de las funciones; estética del edificio; estimulación del gusto en las infraestructuras de restauración; etc.
- **Para responder a la necesidad de reconocimiento:** edificios, puestos de trabajo e infraestructuras que indiquen a los colaboradores: «sois importantes aquí y hacemos todo lo posible para que podáis trabajar de manera óptima»; implicación de los empleados en la política presentada a través de objetivos claros y motivadores;

comunicación frecuente desde la jerarquía acerca de los resultados de las acciones de los colaboradores; etc.

- **Para responder a la necesidad de estructura:** formalización de los contratos; organigramas; definición de las funciones; horarios; lugar de trabajo; etc.
- **Para variar las actividades necesarias para el buen funcionamiento del cerebro:** puesta a disposición de salas en las que los colaboradores pueden trabajar sin ser molestados, en caso de que lo necesiten; creación de infraestructuras para hacer deporte, para descansar, para jugar o para ayudar a la meditación; proposición de menús equilibrados en el restaurante de la empresa; etc.
- **Para responder a la necesidad de confianza y de motivación:** creación de relaciones jerárquicas y, entre colegas, de confianza; transmisión de *feedback* positivos si se progresa, pero también de negativos si se fracasa, todo ello para que evaluemos el trabajo realizado; etc.
- **Para responder a la necesidad de sentido:** redacción y comunicación de la visión, de la misión y de los valores de la empresa; objetivos estratégicos y operacionales coherentes; etc.

A su nivel, el colaborador puede, por su parte, actuar para instaurar un entorno de trabajo eficaz que satisfaga:

- **la necesidad de estimulación** (añadir luz, plantas, fotos personales; variar con frecuencia las actividades profesionales; cambiar la alimentación; etc.);
- **la necesidad de motivación y de un reconocimiento que genere confianza** (pedir un *feedback* con respecto a las acciones efectuadas, etc.);

- **la necesidad de estructura** (redactar nuestra propia definición de función si no existe; aclarar los procedimientos; ordenar la oficina; instaurar un sistema de clasificación eficaz; definir los planes de acción; etc.);
- **la necesidad de un buen funcionamiento cerebral** (llevar a cabo cada día distintas actividades, cuidar la calidad del sueño y de la alimentación, etc.);
- **la necesidad de sentido** (pedir al superior jerárquico que aclare la visión, la misión y los valores de la empresa a nivel de la entidad; etc.).

PREGUNTAS FRECUENTES

¿CUÁLES SON LAS CONSECUENCIAS DE UN ENTORNO DE TRABAJO POSITIVO?

Un buen ambiente de trabajo es una de las mayores preocupaciones de las organizaciones que desean asumir con éxito los grandes retos actuales, puesto que permite:

- el incremento del bienestar y de la autoestima, la reducción del estrés de los colaboradores y la reducción del absentismo, de las bajas por enfermedad y de los costes médicos asociados;
- la mejora de la colaboración entre los empleados y los distintos equipos, lo que lleva a una mejor productividad y a un servicio al cliente óptimo;
- un mejor equilibrio en la vida de los colaboradores, lo que contribuye a más creatividad y eficacia;
- una mayor capacidad de adaptación al cambio;
- la exposición comprensible de la visión, de la misión y de los valores de la organización.

¿CUÁLES SON LAS CLAVES DEL BIENESTAR PSICOLÓGICO EN LA OFICINA?

Te presentamos algunas ideas para satisfacer estas hambres aplicando mejoras en tu entorno. Analiza y decide cuáles podrías adoptar:

- cambiar la orientación y la disposición de tu oficina para que varíe con frecuencia tu punto de vista;

- personalizar tu oficina, por ejemplo, colocando fotos, pósteres, portalápices, plantas, etc.;
- establecer de manera clara cada mañana las prioridades del día y realizar en primer lugar las acciones que exigen más concentración o reflexión;
- conversar con nuestros colegas sobre temas diversos y variados, que vayan desde el éxito de un proyecto hasta la última película vista.

Guiño del empleador

Si eres un mánager, puedes satisfacer fácilmente estas necesidades de la siguiente manera:

- asegurándote de que los procedimientos y las definiciones de función son realistas y garantizan un reparto justo del trabajo;
- animando a todo el mundo a plantear preguntas y a proponer mejoras, por ejemplo, a través de un buzón de sugerencias;
- dando *feedback* precisos sobre el trabajo efectuado;
- estableciendo un plan de formación para cada nivel jerárquico.

¿CÓMO GOZAR DE BUENA SALUD EN LA OFICINA?

Alimentación

Si no puedes seguir un menú equilibrado en el entorno profesional, lo ideal es que te prepares el *tupperware* y comas con compañeros.

Actividades

Te presentamos algunas ideas para completar el tiempo de concentración:

- el tiempo de juego (hacer un pequeño baile para celebrar las buenas noticias, lanzar pelotas durante la pausa, jugar a las adivinanzas);
- el tiempo de relación (aprovechar las pausas para conversar con compañeros);
- el tiempo físico (intercalar durante la jornada un momento para una actividad física, idealmente cardiovascular, como correr, efectuar rutinas cardio o andar rápido);
- el tiempo de reflexión sobre nosotros mismos (cerrar los ojos durante diez minutos y dejar que los pensamientos fluyan sin aferrarnos a ellos);
- el tiempo de relajación (relajarse sin otro objetivo);
- el tiempo de sueño (asegurarse un sueño de calidad y en cantidades suficientes para sentirse bien).

¿CÓMO REDUCIR EL ESTRÉS ACTUANDO SOBRE EL AMBIENTE EN LA OFICINA?

Para combatir el estrés y llegar a superar ese estado incómodo, piensa en estos cinco elementos:

1. Estructurar: organizar la oficina, la clasificación y el tiempo.

2. Respirar: tres respiraciones profundas cada vez que nos sentamos en nuestra mesa.
3. Escuchar: desarrollar más rápidamente y de manera más intensa las relaciones escuchando de verdad a los demás. Preguntar a nuestros interlocutores: plantear preguntas bien dirigidas para pasar del estado «problema» al estado «solución».
4. Dar sentido: considerar cada actividad única y digna de interés la convierte en más agradable, y eso facilita la reflexión.
5. ¡Comprar una planta! Un estudio de la New University of Technology de Sídney (UTS) que, en un primer momento, medía la reducción de la contaminación gracias a las plantas, también reveló una reducción significativa de los niveles de estrés cuando se colocaba una planta en la oficina.

PEQUEÑO PLUS

Para que tu plan de acción antiestrés se extienda en el tiempo, elabóralo a partir de pequeñas acciones que puedan llevarse a cabo fácilmente; fijarse objetivos desmesurados y desprovistos de sentido tendrá el efecto contrario y se convertirá en un factor de estrés.

¿CÓMO UTILIZAR EL ENTORNO PROFESIONAL PARA REFORZAR LA AUTOESTIMA?

El entorno nos bombardea con estímulos, pero también con

señales de reconocimiento. Sabemos que no disfrutamos de estas por completo, aunque eso puede cambiarse.

Te presentamos un ejercicio para descubrir cómo gestionas las señales de reconocimiento. Elabora tu perfil de las señales de reconocimiento en una hoja en blanco. En tu vida actual, determina de 1 a 100 en qué nivel te sitúas en cada uno de los comportamientos en relación con las señales de reconocimiento, tanto positivas como negativas:

- Aceptar
- Pedir
- Rechazar
- Dar
- Concederse

Dibuja tu histograma con columnas que partan hacia arriba para las señales de reconocimiento positivas y hacia abajo para las negativas.

Ejemplo de intercambio de señales de reconocimiento

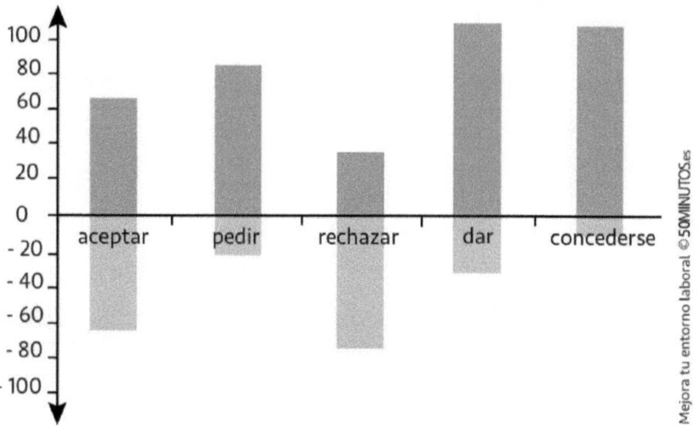

Cuando observas tu diagrama, ¿qué cambios podrías introducir para aumentar tu bienestar? Puedes anotar y planificar todas estas acciones.

<u>**PEQUEÑO PLUS**</u>

Para profundizar tus conocimientos en este ámbito, intenta anotar todos los días las señales de reconocimiento positivas que has recibido. Así, podrás volver a leerlas de nuevo en el futuro, en los momentos en los que más lo necesites.

¿QUÉ ENTORNO ES NECESARIO PARA FAVO-RECER LA COLABORACIÓN?

Para crear un entorno de confianza, disponemos de recursos personales vinculados a nuestra forma de ser y a nuestros conocimientos.

- Forma de ser: cuando nuestra forma de ser inspira confianza, muestra nuestros valores, nuestra ética personal, la coherencia entre estos y nuestros actos, la humildad y la valentía y también la sinceridad y el deseo de beneficios comunes.
- Conocimientos: muestran nuestra capacidad, nuestro estilo, nuestras actitudes y los resultados que obtenemos.

Somos animales sociales por excelencia, así que buscamos de forma natural el apoyo de nuestros semejantes y la pertenencia a un grupo. Desarrollar la colaboración entre nosotros pasa, ante todo, por:

- la definición y la comunicación de objetivos comunes, claros, realistas y cuantificables;
- la transformación de estos objetivos en un plan de acción;
- el reparto de las acciones, teniendo en cuenta las capacidades y los puntos fuertes de cada uno;
- la instauración de actividades que refuercen los vínculos.

¿CUÁL DEBE SER EL EQUILIBRIO ENTRE NUESTRA VIDA PERSONAL Y PROFESIONAL?

El equilibrio entre la vida personal y profesional es fundamental para garantizar una motivación y una calidad del trabajo duraderas. Pero el equilibrio, que es el resultado de una combinación apropiada y de una atención constante, es precario.

La rueda de la vida

Este ejercicio te permite evaluar en qué parcela de vida te sitúas y cuáles son los objetivos realistas que debes fijar. Evalúa espontáneamente tu situación actual en una escala de satisfacción que vaya de uno a diez y anota, dibujando un círculo, todos los componentes fundamentales de tu vida que te vienen a la mente.

Ejemplo de rueda de vida de una madre joven con dos niños

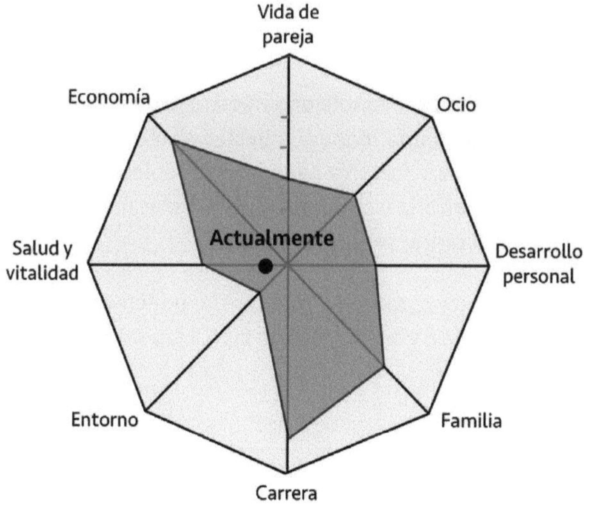

En el ejemplo de rueda que hemos presentado, la persona identifica que no está satisfecha con respecto al «ocio». Al hacer esta observación, se da cuenta de que podría retomar la pintura, que dejó de lado tras el nacimiento de sus hijos.

La clave del bienestar reside en el realismo de los objetivos que nos marcamos basándonos en esta observación. Así, aprende a analizar de manera realista el tiempo del que dispones cada día.

Una vez que hayas formulado tus objetivos, podrás actuar en el entorno y volver a definir tu futuro gracias a las numerosas opciones que existen para favorecer el equilibrio de vida: flexibilidad de horarios, trabajo a tiempo parcial, teletrabajo, etc.

¿CÓMO SER MÁS EFICACES ACTUANDO SOBRE EL ENTORNO DE TRABAJO?

Nuestra organización condiciona nuestra productividad. Si nuestra oficina es una leonera, nuestro sistema de clasificación es ineficaz y nuestra agenda está repleta de tareas que no son prioritarias, podemos sufrir niveles más altos de estrés y, por lo tanto, ser más ineficaces.

Para superar este estado de impotencia, podemos apoyarnos en los principios del modelo de las 5 S japonesas:

- Ordenar;
- Clasificar;
- Limpiar;
- Estandarizar;

- Mantener la disciplina.

También podemos organizar la manera en la que pensamos: si el despacho es ruidoso y los compañeros nos distraen, debemos buscar un espacio tranquilo donde podamos desconectar los teléfonos, el correo electrónico y las redes sociales para estimular un pensamiento eficaz y creativo.

La desorganización se come nuestra energía y nuestra capacidad para pensar, y nos cierra así las puertas de la eficacia, del bienestar, de la colaboración con terceros y de la creatividad.

¿CÓMO MODIFICAR EL ENTORNO PARA FAVORECER EL CAMBIO?

Experimentamos cambios y nos enfrentamos a la toma de decisiones en cada momento de nuestro día a día laboral. Tomar una decisión significa elegir entre distintas opciones posibles para alcanzar un objetivo y efectuar un cambio.

Un entorno que permite tomar las decisiones correctas y, por lo tanto, favorece el cambio, ofrece la posibilidad al colaborador de que desconecte para encontrar de nuevo su capacidad personal de reflexión. A continuación te indicamos cómo podemos estimular el cambio mediante una toma de decisión eficaz:

- situarnos en un lugar tranquilo, desconectar del ordenador y del teléfono;
- concentrarnos en el tema que nos ocupa;
- estimularnos pensando en el futuro, una vez que el cam-

bio se haya efectuado;

- fijarnos un tiempo límite, analizando sin miedo el reto que esta decisión representa;
- por escrito, utilizar una herramienta sencilla que ayude en la decisión. Por ejemplo, dibujamos una tabla con «ventajas» e «inconvenientes» para anotar nuestras ideas de manera estructurada.

La flexibilidad también favorece el cambio. El secreto de la flexibilidad es que permite volver a definir de manera positiva la visión que tenemos de los acontecimientos. Por ejemplo, si sientes ansiedad frente a un imprevisto, cambia tu visión sobre este para normalizarlo.

GUIÑO DEL EMPLEADOR

Cuando se implementa una organización orientada al «desarrollo» y a la «formación de los colaboradores», esta tiene más posibilidades de superar con éxito los retos futuros.

¡AHORA ES TU TURNO!

- Evalúa en qué punto estás y hacia dónde quieres ir con la rueda de la vida.
- Aumenta tu bienestar psicológico en tu oficina:
  - dándole un toque personal: fotos, cuadros, libros, una lámpara, bolígrafos, ... todos los elementos decorativos que te gustan y que te permiten estar más motivado y reducir tu estrés en el trabajo;
  - modificando la disposición de tu oficina a intervalos regulares para cambiar el punto de vista y estimularte: si puedes, sitúa tu mesa de tal manera que puedas dar la bienvenida a cada visitante y que no te molesten ni el ruido, ni la luz, ni la oscuridad;
  - aclarando tu función y tus procedimientos de trabajo;
  - mostrándote atento a tus señales de reconocimiento.
- Practica todos los días las actividades necesarias para tu cerebro.
- Profundiza en la reducción del estrés:
  - respirando profundamente cada vez que te instales en tu oficina;
  - escuchando y preguntando a tus interlocutores para desarrollar una visión realista y positiva de los acontecimientos;
  - ocupándote del orden y de la limpieza de tu oficina: el orden en tu oficina te convierte en un trabajador más eficaz y menos estresado (ya no tienes que buscar durante horas tus pósits o un expediente urgente), y favorece la concentración. También influye en la imagen que los demás tienen de ti;

- cuidando una planta en tu oficina: una planta no solo le da un toque de belleza a tu entorno, sino que también permite reducir el estrés, incrementar la productividad, disminuir el nivel de ruido, sanear el aire ambiente y reducir el absentismo.
- Aprovecha las señales de reconocimiento que recibes y refuerza tu relación con los demás dándolas tú también.
- Desarrolla una forma de ser y unos conocimientos que favorezcan la colaboración para alcanzar unos objetivos comunes y para implementar unos planes de acción compartidos.
- Sé eficaz adoptando el sistema de organización que te brinde mejores resultados y trabajando tu concentración.
- Toma las decisiones correctas y cultiva la flexibilidad. ¡Fórmate!
- Defiende los valores de la empresa que compartes implementando pequeñas acciones cotidianas que los refuercen.
- Actúa sobre tu entorno en la medida de lo posible para que corresponda al sentido que deseas darle a tu vida profesional.

¡Tu opinión nos interesa!
¡Deja un comentario en la página web de tu librería en línea,
y comparte tus favoritos en las redes sociales!

PARA IR MÁS ALLÁ

FUENTES BIBLIOGRÁFICAS

- Berne, Éric. 1984. *Des jeux et des hommes*. París: Stock.
- Berne, Éric. 2005. *Structure et dynamique des organisations et des groupes*. París: Éditions d'Analyse Transactionnelle.
- Blanchard, Kenneth y Spencer Johnson. 1987. *Le manager minute*. París: Éditions d'Organisation.
- Carlicchi, Caroline. 2014. "Comment trouver des solutions à mon problème". *Coaching-go*. 27 de enero. Consultado el 22 de noviembre de 2016. http://blog-fr.coaching-go.com/2014/01/comment-trouver-solution-probleme/
- Carlicchi, Caroline. 2013. "Le pouvoir des signes de reconnaissance". *Coaching-go*. 3 de enero. Consultado el 22 de noviembre de 2016. http://blog-fr.coaching-go.com/2013/01/le-pouvoir-des-signes-de-reconnaissance/
- Carlicchi, Caroline. 2013. "Pourquoi j'ai arrêté de donner des conseils". *Coaching-go*. 27 de septiembre. Consultado el 22 de noviembre de 2016. http://blog-fr.coaching-go.com/2013/09/pourquoi-jai-arrete-de-donner-des-conseils/
- Covey, Stephen M. R. 2008. *Le pouvoir de la confiance. Le facteur qui change tout*. París: Éditions First.
- Rock, David. 2013. *Votre cerveau au bureau. Le mode d'emploi efficace*. París: InterEditions.

FUENTES COMPLEMENTARIAS

- Burchett, Margaret, Fraser Torpy, Jason Brennan y Ashley Craig. 2010. *Greening at the great indoors for human health and wellbeing*. Sídney: University of Technology Sydney (UTS).
- Rock, David, Daniel J. Siegel, Steven A. Y. Poelmans y Jessica Payne. 2012. "The healthy mind platter". *NeuroLeadership Journal*, vol. 4. Consultado el 17 de noviembre de 2016. http://www.davidrock.net/files/02_The_Healthy_Mind_Platter_US.pdf

¡APRENDER NUNCA ANTES FUE TAN RÁPIDO!

www.en50minutos.es

© **en50Minutos.es, 2017. Todos los derechos reservados.**

www.en50Minutos.es

ISBN ebook: 9782806280664

ISBN papel: 9782806291707

Depósito legal: D/2016/12603/901

Libro realizado por Primento, *el socio digital de los editores*